Impressum
Verlag: BABADADA GmbH, Nedderfeld 112 , 22529 Hamburg
Geschäftsführer / Verlagsleitung: Harald Hof
Druck: Books on Demand GmbH, In de Tarpen 42, 22848 Norderstedt

Imprint
Publisher: BABADADA GmbH, Nedderfeld 112 , 22529 Hamburg, Germany
Managing Director / Publishing direction: Harald Hof
Print: Books on Demand GmbH, In de Tarpen 42, 22848 Norderstedt, Germany

школа

kool

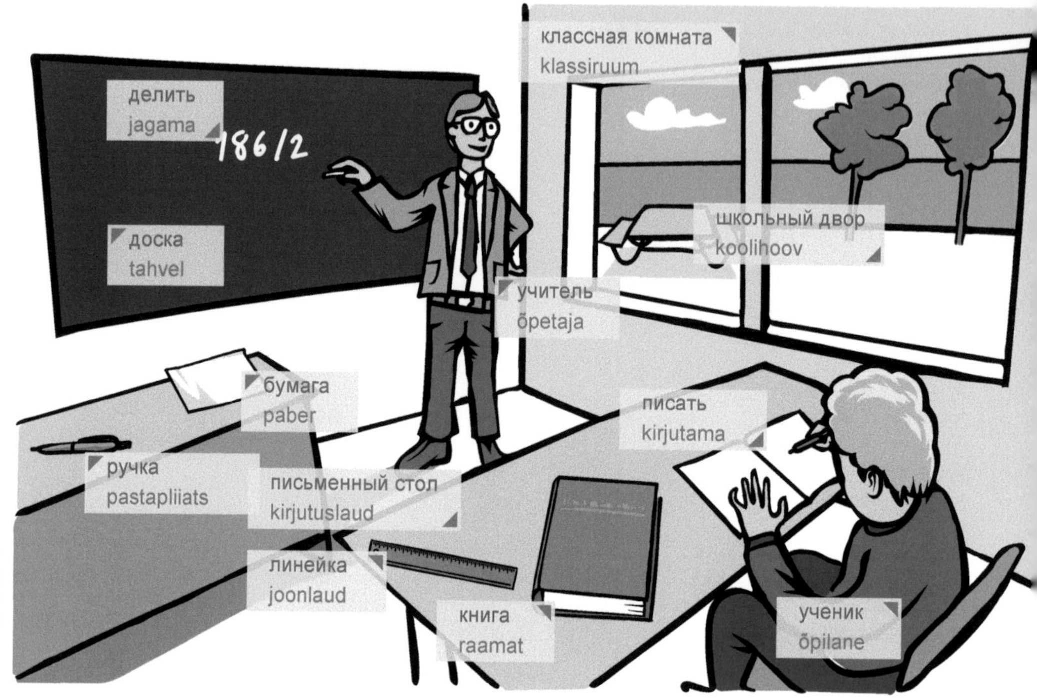
классная комната
klassiruum
делить
jagama
186/2
доска
tahvel
школьный двор
koolihoov
учитель
õpetaja
бумага
paber
писать
kirjutama
ручка
pastapliiats
письменный стол
kirjutuslaud
линейка
joonlaud
книга
raamat
ученик
õpilane

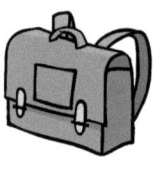

ранец

koolikott

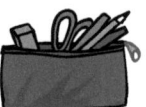

пенал

pinal

карандаш

harilik pliiats

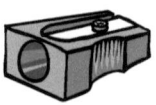

точилка

pliiatsiteritaja

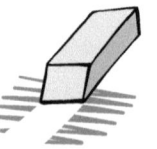

ластик

kustukumm

альбом для рисования

joonistusplokk

рисунок

joonistus

кисточка

pintsel

коробка красок

värvikarp

ножницы

käärid

клей

liim

тетрадь

töövihik

домашняя работа

kodutöö

12

цифра

number

2+2

прибавлять

liitma

5-2

вычитать

lahutama

2×2

умножать

korrutama

считать

arvutama

A

буква

täht

ABCDEFG
HIJKLMN
OPQRSTU
VWXYZ

алфавит

tähestik

hello

слово

sõna

текст

tekst

читать

lugema

мел

kriit

урок

koolitund

классный журнал

klassipäevik

экзамен

eksam

диплом

tunnistus

школьная форма

koolivorm

образование

haridus

энциклопедия

entsüklopeedia

университет

ülikool

микроскоп

mikroskoop

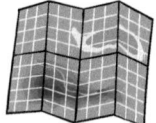

карта

kaart

корзина для бумаг

paberikorv

путешествие
reisimine

гостиница
hotell
Grand
турбаза
hostel
ROOMS
пункт обмена валюты
valuutavahetuspunkt
чемодан
kohver
автомобиль
auto

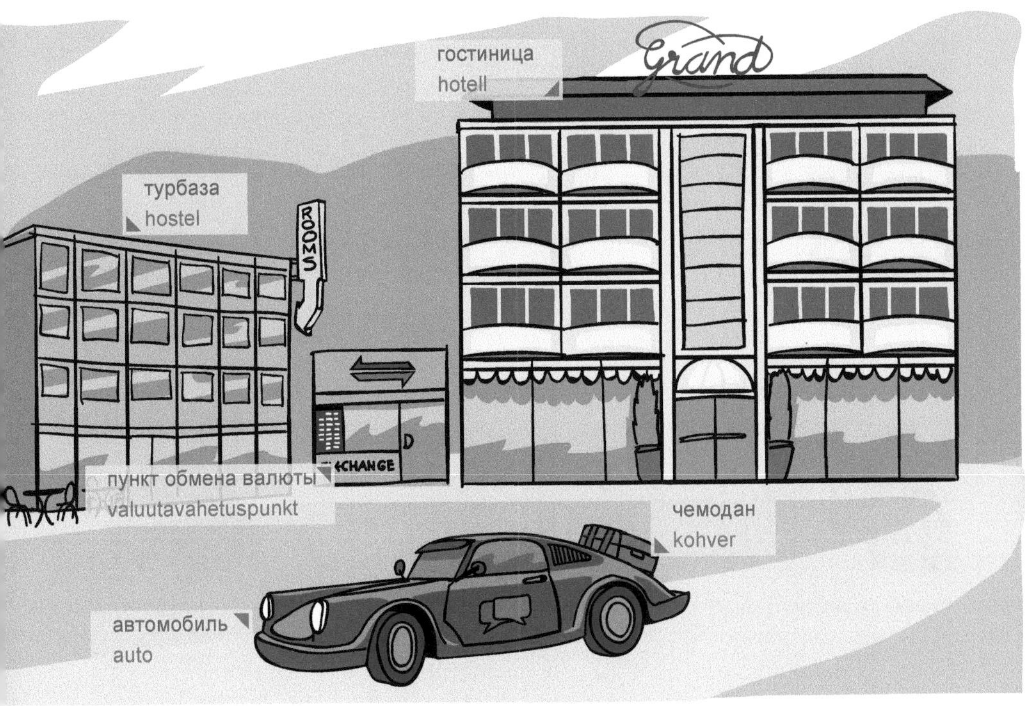

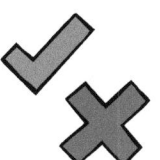

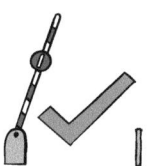

язык

keel

да / нет

jah / ei

хорошо

okei

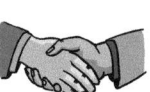

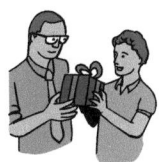

Привет

Tere!

переводчик

tõlk

Спасибо

Aitäh!

Сколько стоит…?

Kui palju maksab …?

Я не понимаю

Ma ei saa aru

проблема

probleem

Добрый вечер!

Tere õhtust!

Доброе утро!

Tere hommikust!

Доброй ночи!

Head ööd!

До свидания

Head aega!

направление

suund

багаж

pagas

сумка

kott

рюкзак

seljakott

гость

külaline

комната

tuba

спальный мешок

magamiskott

палатка

telk

туристическая информация
turismiinfo

пляж
rand

кредитная карточка
krediitkaart

завтрак
hommikusöök

обед
lõunasöök

ужин
õhtusöök

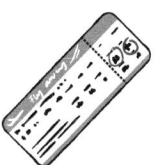

билет
pilet

лифт
lift

почтовая марка
postmark

граница
riigipiir

таможня
toll

посольство
saatkond

виза
viisa

паспорт
pass

транспорт
transport

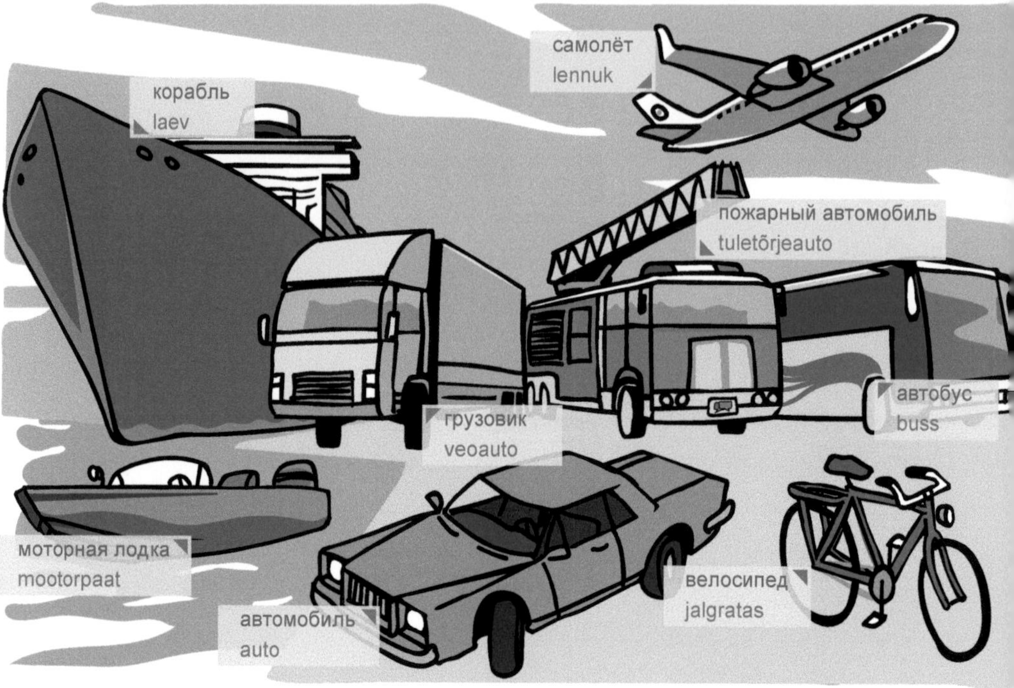

самолёт
lennuk

корабль
laev

пожарный автомобиль
tuletõrjeauto

автобус
buss

грузовик
veoauto

моторная лодка
mootorpaat

велосипед
jalgratas

автомобиль
auto

паром
praam

лодка
paat

мотоцикл
mootorratas

полицейский автомобиль
politseiauto

гоночный автомобиль
võidusõiduauto

арендованный
автомобиль
rendiauto

совместное пользование
автомобилями
ühisauto

буксировочный
автомобиль
puksiirauto

мусоровоз
prügiauto

двигатель
mootor

топливо
kütus

заправка
tankla

дорожный знак
liiklusmärk

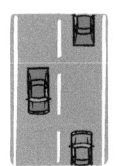

движение
liiklus

пробка
liiklusummik

автостоянка
parkla

вокзал
raudteejaam

рельсы
rööpad

поезд
rong

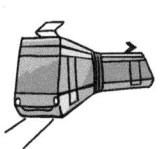

трамвай
tramm

вагон
vagun

вертолёт

helikopter

аэропорт

lennujaam

вышка

torn

пассажир

reisija

контейнер

konteiner

коробка

pappkast

тележка

käru

корзина

korv

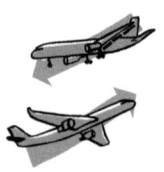

взлетать / приземляться

õhku tõusma / maanduma

город

linn

деревня

küla

центр города

kesklinn

дом

maja

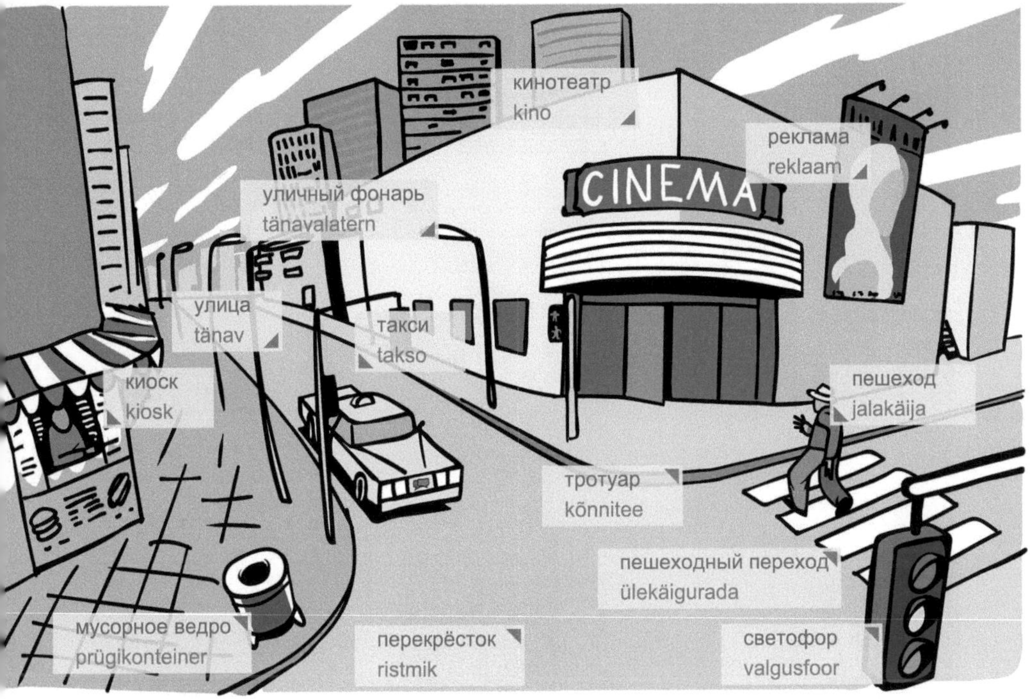

кинотеатр
kino

реклама
reklaam

уличный фонарь
tänavalatern

CINEMA

улица
tänav

такси
takso

пешеход
jalakäija

киоск
kiosk

тротуар
kõnnitee

пешеходный переход
ülekäigurada

мусорное ведро
prügikonteiner

перекрёсток
ristmik

светофор
valgusfoor

хижина
osmik

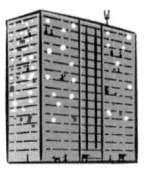
квартира
kortermaja

вокзал
raudteejaam

ратуша
raekoda

музей
muuseum

школа
kool

город - linn

11

университет

ülikool

банк

pank

больница

haigla

гостиница

hotell

аптека

apteek

офис

kontor

книжный магазин

raamatupood

магазин

kauplus

цветочный магазин

lillepood

супермаркет

supermarket

рынок

turg

универмаг

kaubamaja

торговец рыбой

kalapood

торговый центр

kaubanduskeskus

порт

sadam

парк

park

скамейка

pink

мост

sild

лестница

trepp

метро

metroo

тоннель

tunnel

автобусная остановка

bussipeatus

бар

baar

ресторан

restoran

почтовый ящик

postkast

табличка с названием улицы

tänavasilt

паркометр

parkimisautomaat

зоопарк

loomaaed

бассейн

ujula

мечеть

mošee

ферма
......
talu

загрязнение окружающей
среды
......
reostus

кладбище
......
surnuaed

церковь
......
kirik

детская площадка
......
mänguväljak

храм
......
tempel

ландшафт

maastik

лист
leht

дорожный указатель
teeviit

дорога
tee

луг
aas

камень
kivi

путешественник
matkaja

дерево
puu

река
jõgi

трава
rohi

цветок
lill

долина

org

гора

mägi

озеро

järv

лес

mets

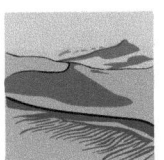

пустыня

kõrb

вулкан

vulkaan

замок

linnus

радуга

vikerkaar

гриб

seen

пальма

palm

комар

sääsk

муха

kärbes

муравей

sipelgas

пчела

mesilane

паук

ämblik

жук

mardikas

лягушка

konn

белка

orav

еж

siil

заяц

jänes

сова

öökull

птица

lind

лебедь

luik

кабан

metssiga

олень

hirv

лось

põder

плотина

pais

ветряной генератор

tuuleturbiin

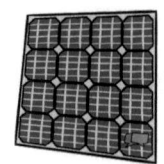

солнечная батарея

päikesepaneel

климат

kliima

ресторан
restoran

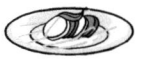

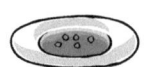

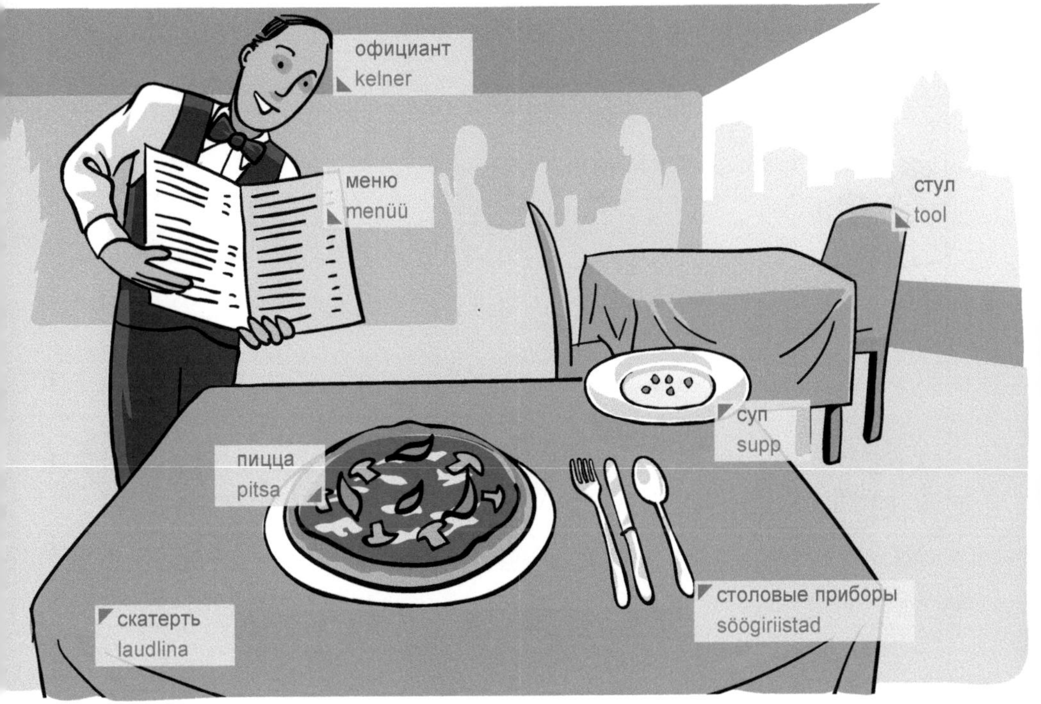
официант
kelner
меню
menüü
стул
tool
суп
supp
пицца
pitsa
столовые приборы
söögiriistad
скатерть
laudlina

закуска

eelroog

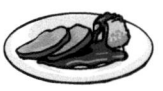

главное блюдо

pearoog

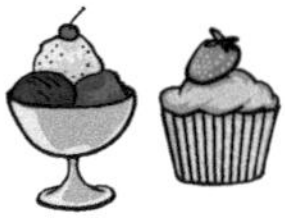

десерт

magustoit

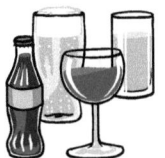

напитки

joogid

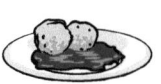

еда

toit

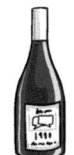

бутылка

pudel

фастфуд

kiirtoit

уличная еда

tänavatoit

чайник

teekann

сахарница

suhkrutoos

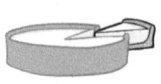

порция

portsjon

кофеварка

espressomasin

детский стульчик

lastetool

счет

arve

поднос

kandik

нож

nuga

вилка

kahvel

ложка

lusikas

чайная ложка

teelusikas

салфетка

salvrätik

стакан

klaas

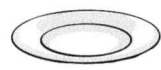

тарелка

taldrik

суповая тарелка

supitaldrik

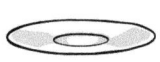

блюдце

alustass

соус

kaste

солонка

soolatoos

мельница для перца

pipraveski

уксус

äädikas

масло

õli

специи

vürtsid

кетчуп

ketšup

горчица

sinep

майонез

majonees

супермаркет
supermarket

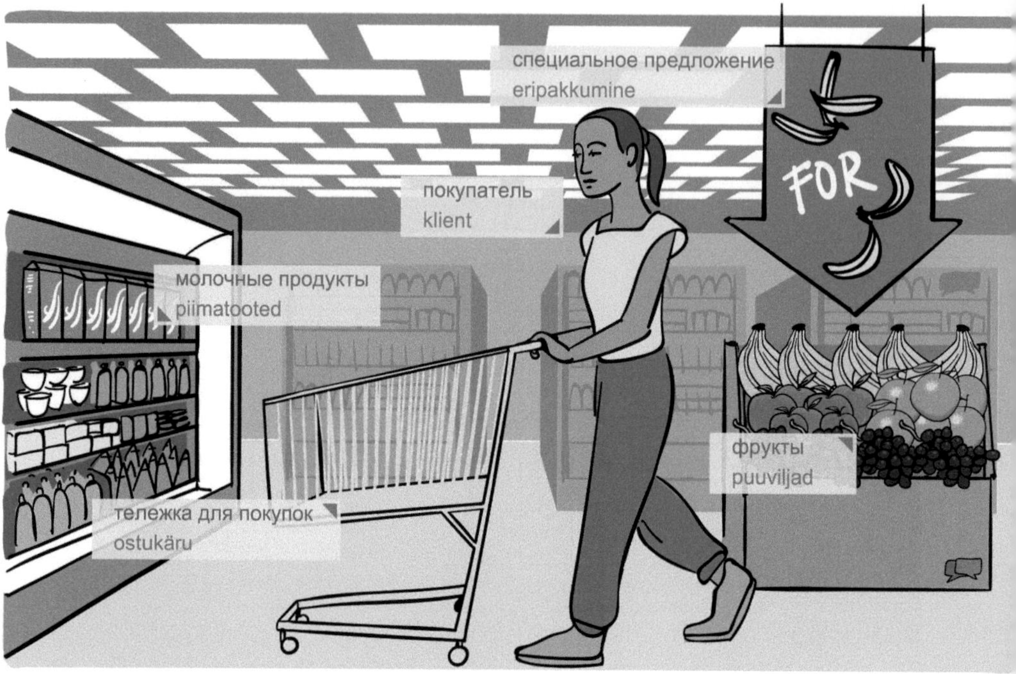

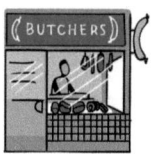

специальное предложение
eripakkumine
покупатель
klient
молочные продукты
piimatooted
фрукты
puuviljad
тележка для покупок
ostukäru
FOR

BUTCHERS

мясной магазин

lihapood

BAKERY

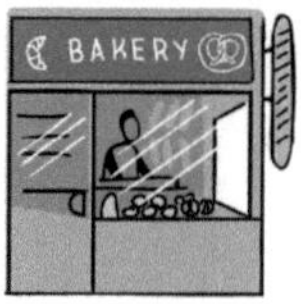

пекарня

pagariäri

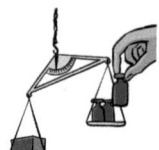

взвешивать

kaaluma

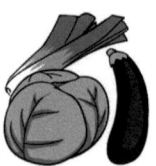

овощи

köögiviljad

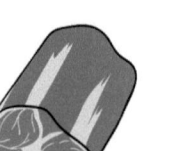

мясо

liha

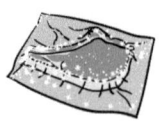

быстрозамороженные продукты

külmutatud toit

нарезка

lihalõigud

консервы

konservid

стиральный порошок

pesupulber

сладости

maiustused

предмет домашнего обихода

majatarbed

моющее средство

puhastustooted

продавщица

müüja

касса

kassaaparaat

кассир

kassapidaja

список покупок

ostunimekiri

время работы

lahtiolekuajad

бумажник

rahakott

кредитная карточка

krediitkaart

сумка

kott

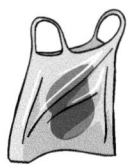

полиэтиленовый пакет

kilekott

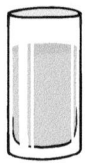

вода	сок	молоко
vesi	mahl	piim

кока-кола	вино	пиво
koola	vein	õlu

алкоголь	какао	чай
alkohol	kakao	tee

кофе	эспрессо	капучино
kohv	espresso	cappuccino

банан

banaan

яблоко

õun

апельсин

apelsin

арбуз

arbuus

лимон

sidrun

морковь

porgand

чеснок

küüslauk

бамбук

bambus

лук

sibul

гриб

seen

орехи

pähklid

лапша

nuudlid

спагетти

spagetid

рис

riis

салат

salat

картофель фри

friikartulid

жареный картофель

praekartulid

пицца

pitsa

гамбургер

hamburger

сэндвич

võileib

шницель

šnitsel

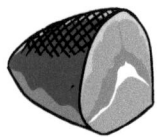

ветчина

sink

салями

salaami

колбаса

vorst

курица

kana

жаркое

praeliha

рыба

kala

овсяные хлопья

kaerahelbed

мюсли

müsli

кукурузные хлопья

maisihelbed

мука

jahu

круассан

sarvesai

булочка

kukkel

хлеб

leib

тост

röstsai

печенье

küpsised

масло

või

творог

kohupiim

пирог

kook

яйцо

muna

яичница

praemuna

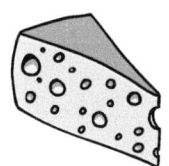

сыр

juust

мороженое

jäätis

сахар

suhkur

мёд

mesi

мармелад

moos

крем с нугой

pähklivõie

карри

karri

ферма

talu

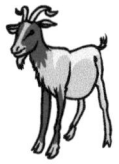

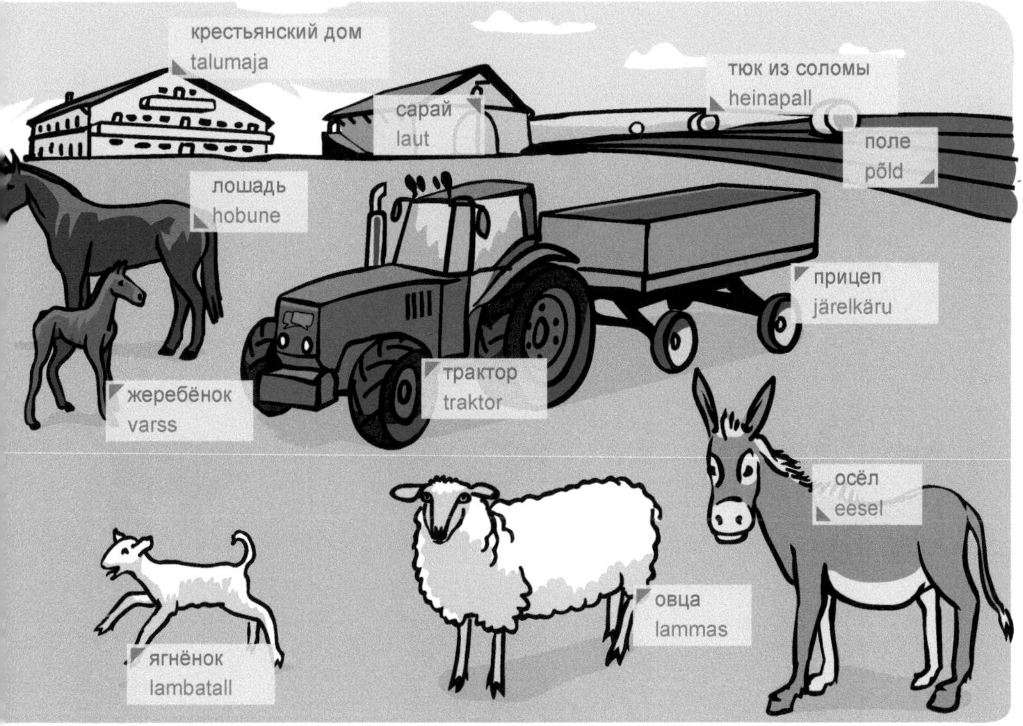
крестьянский дом
talumaja
сарай
laut
тюк из соломы
heinapall
поле
põld
лошадь
hobune
прицеп
järelkäru
жеребёнок
varss
трактор
traktor
осёл
eesel
овца
lammas
ягнёнок
lambatall

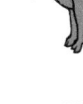

коза

kits

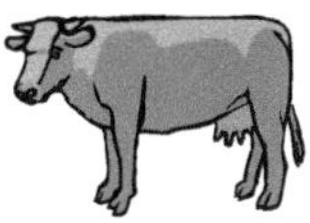

корова

lehm

телёнок

vasikas

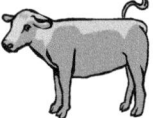

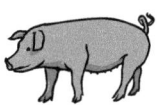

свинья

siga

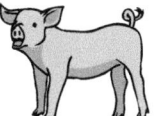

поросёнок

põrsas

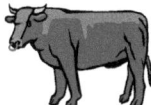

бык

pull

гусь

hani

утка

part

цыплёнок

tibu

курица

kana

петух

kukk

крыса

rott

кошка

kass

мышь

hiir

вол

härg

собака

koer

конура

koerakuut

садовый шланг

aiavoolik

лейка

kastekann

коса

vikat

плуг

ader

серп

sirp

мотыга

kõblas

навозные вилы

hang

топор

kirves

тачка

käru

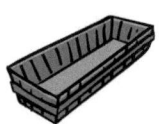

корыто

küna

бидон для молока

piimanõu

мешок

kott

забор

tara

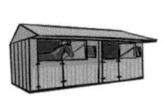

хлев

tall

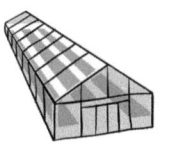

теплица

kasvuhoone

почва

muld

посев

seeme

удобрение

väetis

комбайн

kombain

собирать урожай

saaki koristama

урожай

saagikoristus

ямс

jamss

пшеница

nisu

соя

soja

картофель

kartul

кукуруза

mais

рапс

raps

фруктовое дерево

viljapuu

маниок

maniokk

злаки

teravili

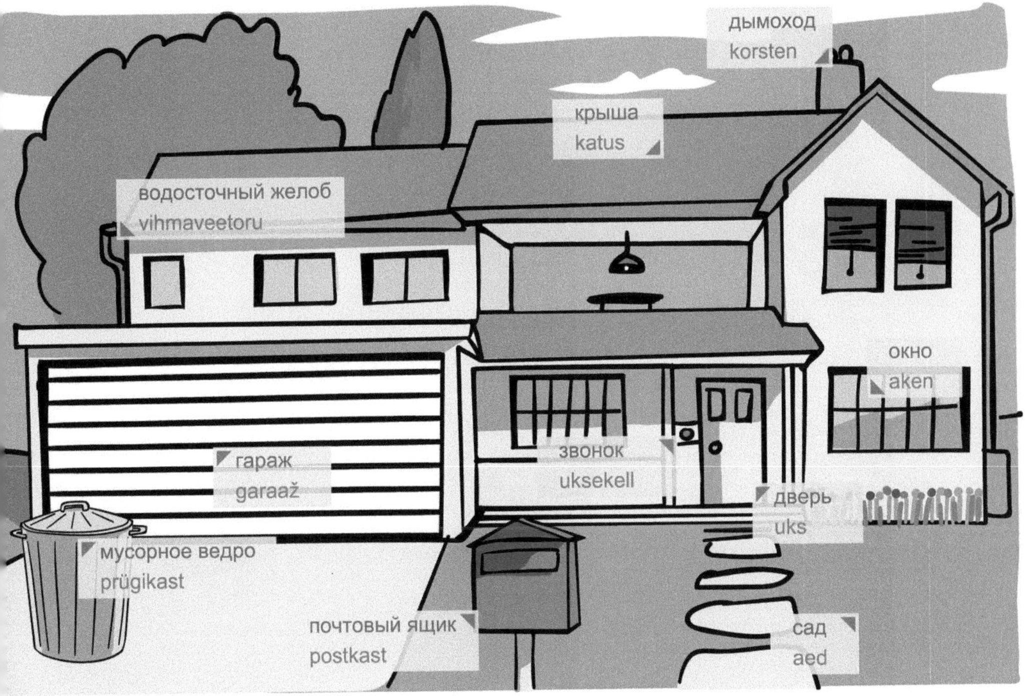

дымоход
korsten

крыша
katus

водосточный желоб
vihmaveetoru

окно
aken

гараж
garaaž

звонок
uksekell

дверь
uks

мусорное ведро
prügikast

почтовый ящик
postkast

сад
aed

гостиная
elutuba

ванная комната
vannituba

кухня
köök

спальня
magamistuba

детская комната
lastetuba

столовая
söögituba

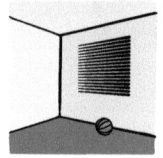	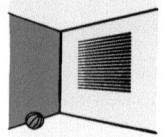	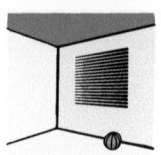
пол / põrand	стена / sein	потолок / lagi

подвал / kelder	сауна / saun	балкон / rõdu
	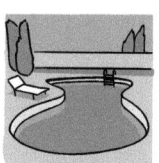	
терраса / terrass	бассейн / bassein	газонокосилка / muruniiduk
		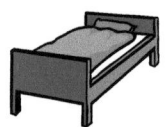
пододеяльник / voodilina	покрывало / päevatekk	кровать / voodi

метла / luud	ведро / ämber	выключатель / lüliti

гостиная

elutuba

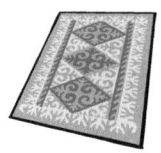

обои
tapeet
рисунок
pilt
лампа
lamp
полка
riiul
шкаф
kapp
телевизор
televiisor
камин
kamin
цветок
lill
подушка
padi
диван
diivan
ваза
vaas
пульт дистанционного управления
kaugjuhtimispult

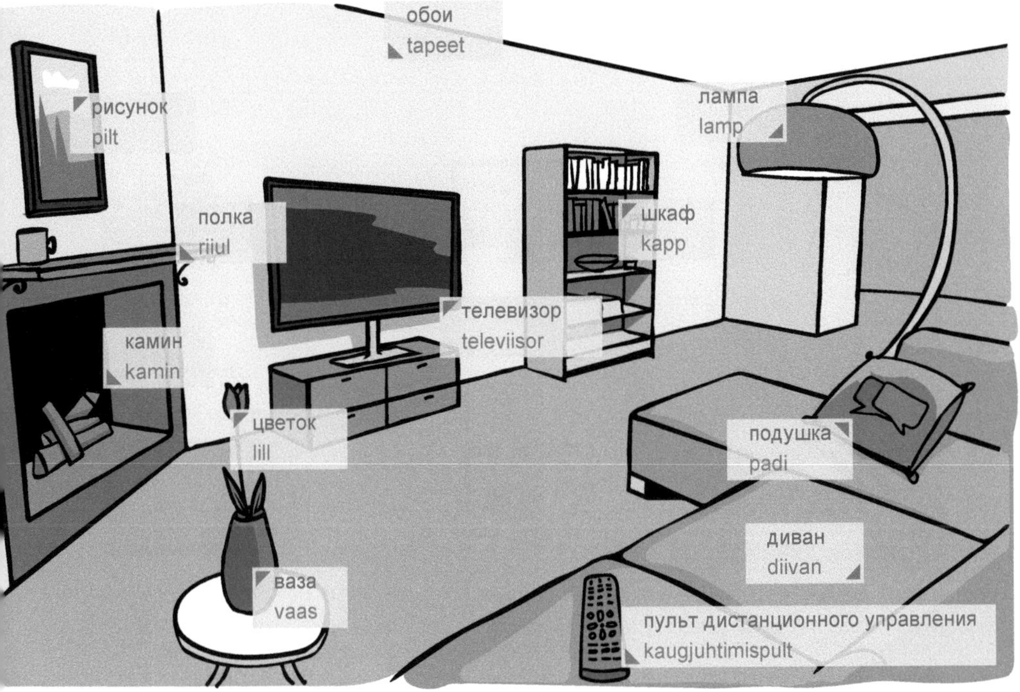

ковёр

vaip

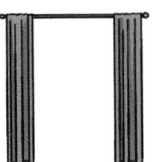

штора

kardin

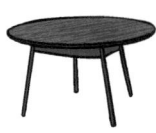

стол

laud

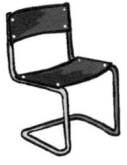

стул

tool

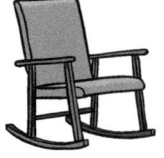

кресло-качалка

kiiktool

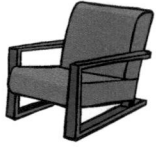

кресло

tugitool

книга

raamat

покрывало

tekk

украшение

kaunistus

дрова

küttepuud

фильм

film

стереосистема

helisüsteem

ключ

võti

газета

ajaleht

картина

maal

плакат

plakat

радио

raadio

блокнот

märkmik

пылесос

tolmuimeja

кактус

kaktus

свеча

küünal

кухня
köök

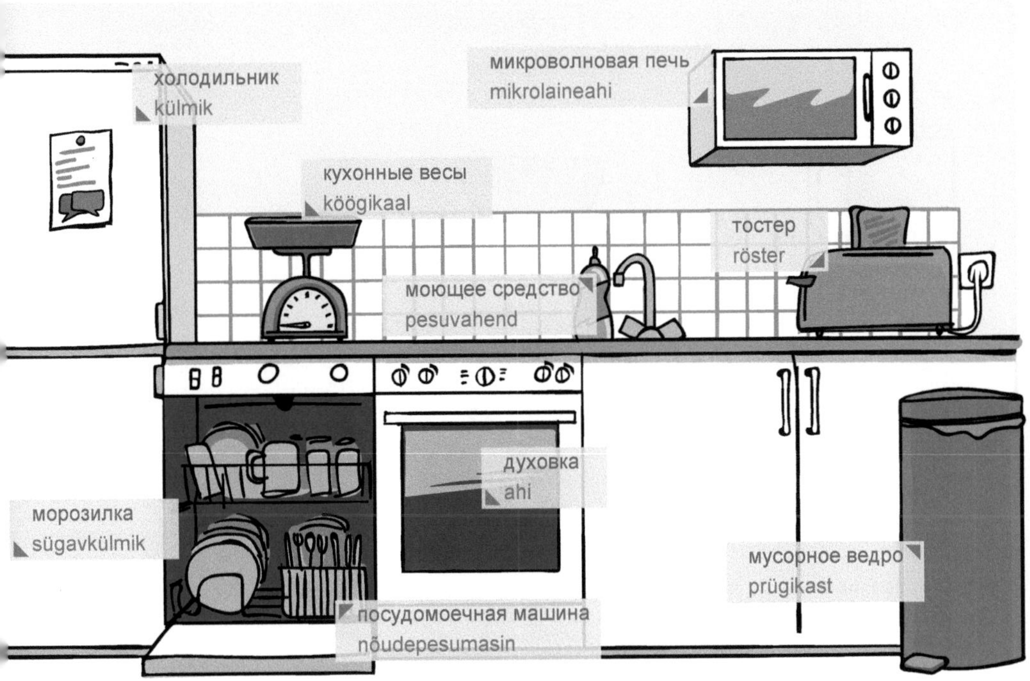
холодильник
külmik
микроволновая печь
mikrolaineahi
кухонные весы
köögikaal
тостер
röster
моющее средство
pesuvahend
духовка
ahi
морозилка
sügavkülmik
мусорное ведро
prügikast
посудомоечная машина
nõudepesumasin

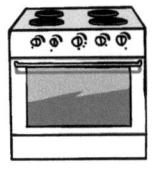

плита
pliit

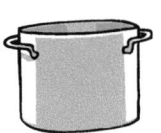

кастрюля
pott

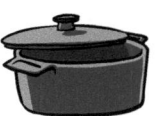

чугунный котелок
malmpott

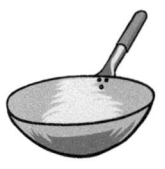

вок / кадай
vokkpann

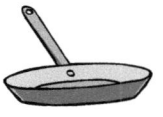

сковорода
pann

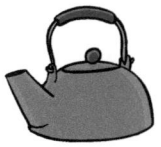

чайник
veekeetja

пароварка

aurutaja

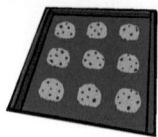

противень

küpsetusplaat

посуда

lauanõud

кружка

kruus

миска

kauss

палочки для еды

söögipulgad

половник

kulp

лопатка

pannilabidas

сбивалка

vispel

сито

kurn

сито

sõel

тёрка

riiv

ступка

uhmer

гриль

grill

костёр

lahtine tuli

доска

lõikelaud

скалка

tainarull

штопор

korgitser

жестяная банка

konservipurk

консервный нож

konserviavaja

прихватка

pajakinnas

раковина

kraanikauss

щетка

hari

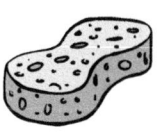

губка

pesukäsn

миксер

kannmikser

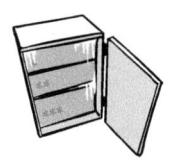

морозильная камера

sügavkülmuti

бутылочка для кормления

lutipudel

кран

segisti

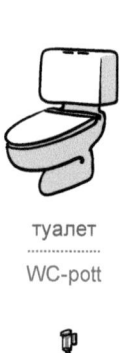

ванная комната
vannituba

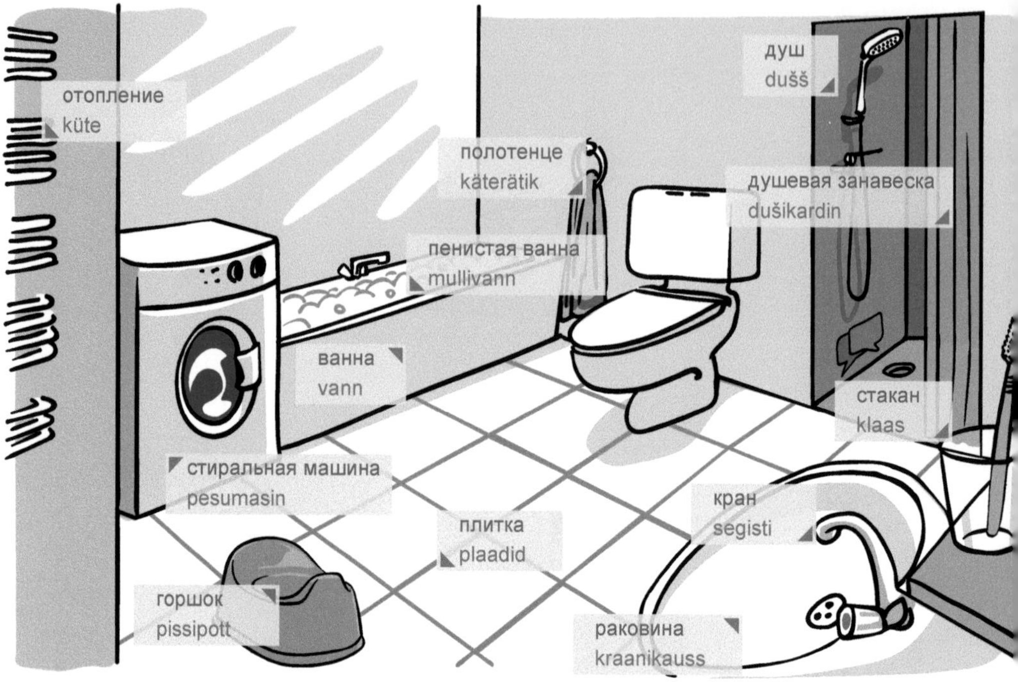

отопление
küte
полотенце
käterätik
душ
dušš
душевая занавеска
dušikardin
пенистая ванна
mullivann
ванна
vann
стакан
klaas
стиральная машина
pesumasin
кран
segisti
плитка
plaadid
горшок
pissipott
раковина
kraanikauss

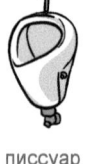

туалет

WC-pott

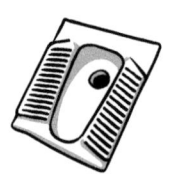

напольный унитаз

kükitamistualett

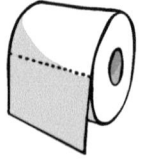

биде

bidee

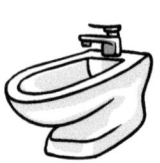

писсуар

pissuaar

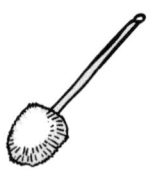

туалетная бумага

tualettpaber

ершик

WC-hari

зубная щетка

hambahari

зубная паста

hambapasta

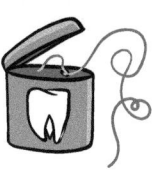

зубная нить

hambaniit

мыть

pesema

ручной душ

käsidušš

интимный душ

intiimdušš

таз

pesukauss

щетка для спины

seljahari

мыло

seep

гель для душа

dušigeel

шампунь

šampoon

мочалка

vamm

сток

äravool

крем

kreem

дезодорант

deodorant

зеркало

peegel

ручное зеркало

käsipeegel

бритва

habemenuga

пена для бритья

raseerimisvaht

лосьон после бритья

habemevesi

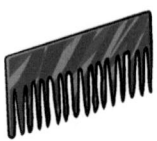

расческа

kamm

щетка

hari

фен

föön

лак для волос

juukselakk

косметика

meigikomplekt

губная помада

huulepulk

лак для ногтей

küünelakk

вата

vatt

маникюрные ножницы

küünekäärid

духи

parfüüm

косметичка

tualett-tarvete kott

табуретка

taburet

весы

kaal

халат

hommikumantel

резиновые перчатки

kummikindad

тампон

tampoon

гигиеническая прокладка

hügieeniside

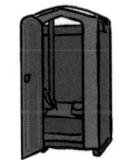

биотуалет

keemiline tualett

детская комната
lastetuba

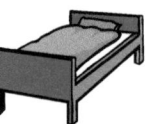

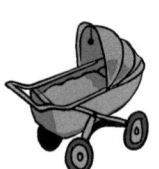

будильник
äratuskell
мягкая игрушка
pehme mänguasi
игрушечный автомобиль
mänguauto
погремушка
kõristi
кукольный домик
nukumaja
подарок
kingitus

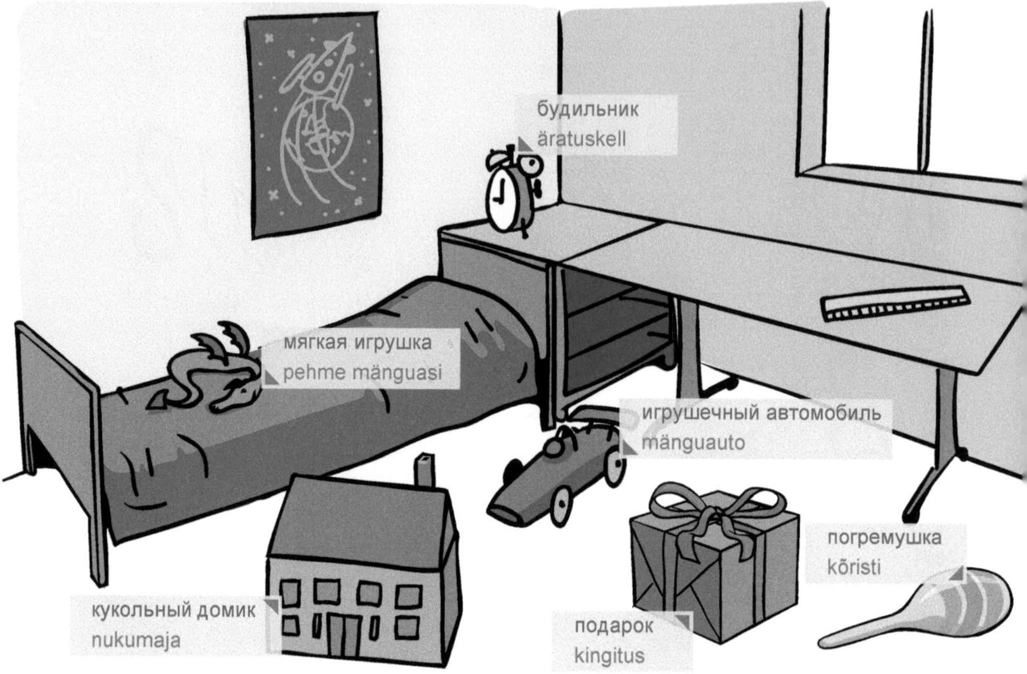

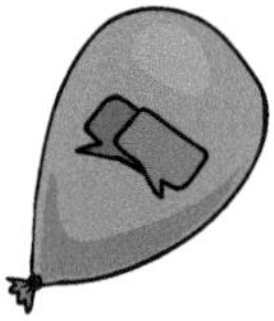

воздушный шар
õhupall

кровать
voodi

детская коляска
lapsevanker

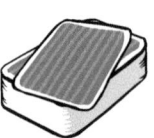

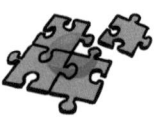

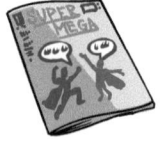

карточная игра
kaardipakk

пазл
pusle

SUPER MEGA
комикс
koomiks

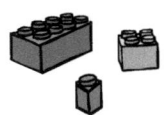

кирпичики Лего

Lego klotsid

кубики

klotsid

игрушечная фигурка

kujuke

ползунки

siputuspüksid

фрисби

lendav taldrik

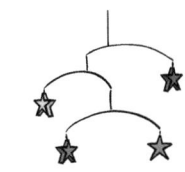

мобиле

voodikarussell

настольная игра

lauamäng

кубик

täringud

модель железной дороги

mudelrong

соска

lutt

вечеринка

pidu

книга с картинками

pildiraamat

мяч

pall

кукла

nukk

играть

mängima

песочница

liivakast

качели

kiik

игрушка

mänguasjad

игровая приставка

mängukonsool

трёхколесный велосипед

kolmerattaline jalgratas

плюшевый медвежонок

mängukaru

шкаф для одежды

riidekapp

одежда

riietus

носки

sokid

чулки

sukad

колготки

sukkpüksid

шарф
sall

зонтик
vihmavari

ремень
vöö

футболка
T-särk

сапоги
saapad

тапки
sussid

кроссовки
tossud

сандалии
sandaalid

ботинки
jalatsid

резиновые сапоги
kummikud

трусы
aluspüksid

бюстгальтер
rinnahoidja

майка
vest

боди	брюки	джинсы
bodi	püksid	teksapüksid

юбка	блузка	рубашка
seelik	pluus	särk

свитер	свитер	спортивная куртка
sviiter	dressipluus	bleiser

жакет	пальто	плащ
jakk	mantel	vihmamantel

костюм	платье	свадебное платье
kostüüm	kleit	pulmakleit

мужской костюм

ülikond

ночная сорочка

öösärk

пижама

pidžaama

сари

sari

платок

pearätt

тюрбан

turban

паранджа

burka

кафтан

kaftan

абайя

abayah

купальник

ujumistrikoo

плавки

ujumispüksid

шорты

lühikesed püksid

спортивный костюм

dressid

фартук

põll

перчатки

kindad

пуговица

nööp

очки

prillid

браслет

käevõru

цепочка

kaelakee

кольцо

sõrmus

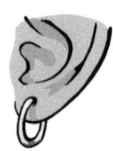

серьга

kõrvarõngas

шапка

nokamüts

вешалка

riidepuu

шляпа

kaabu

галстук

lips

застежка молния

tõmblukk

шлем

kiiver

подтяжки

traksid

школьная форма

koolivorm

форма

vormirõivad

детский нагрудник

pudipõll

соска

lutt

подгузник

mähe

офис
kontor

сервер
server

канцелярский шкаф
arhiivikapp

принтер
printer

монитор
monitor

бумага
paber

мышь
hiir

письменный стол
kirjutuslaud

папка
kaust

клавиатура
klaviatuur

корзина для бумаг
paberikorv

стул
tool

компьютер
arvuti

кофейная кружка

kohvikruus

калькулятор

kalkulaator

интернет

internet

ноутбук

sülearvuti

письмо

kiri

сообщение

sõnum

мобильный телефон

mobiiltelefon

сеть

võrk

ксерокс

koopiamasin

программа

tarkvara

телефон

telefon

розетка

pistikupesa

факс

faksimasin

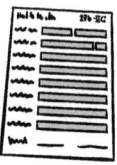

формуляр

vorm

документ

dokument

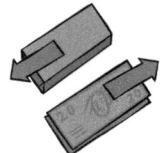

покупать

ostma

платить

maksma

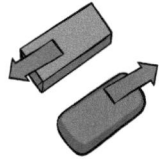

торговать

vahetama

деньги

raha

доллар

dollar

евро

euro

иена

jeen

рубль

rubla

франк

Šveitsi frank

жэньминьби юань

renminbi jüaan

рупия

ruupia

банкомат

sularahaautomaat

пункт обмена валюты

valuutavahetuspunkt

золото

kuld

серебро

hõbe

нефть

nafta

энергия

energia

цена

hind

договор

leping

налог

maks

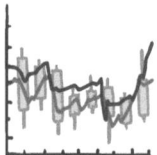

акция

aktsia

работать

töötama

служащий

töötaja

работодатель

tööandja

фабрика

tehas

магазин

kauplus

профессии
ametid

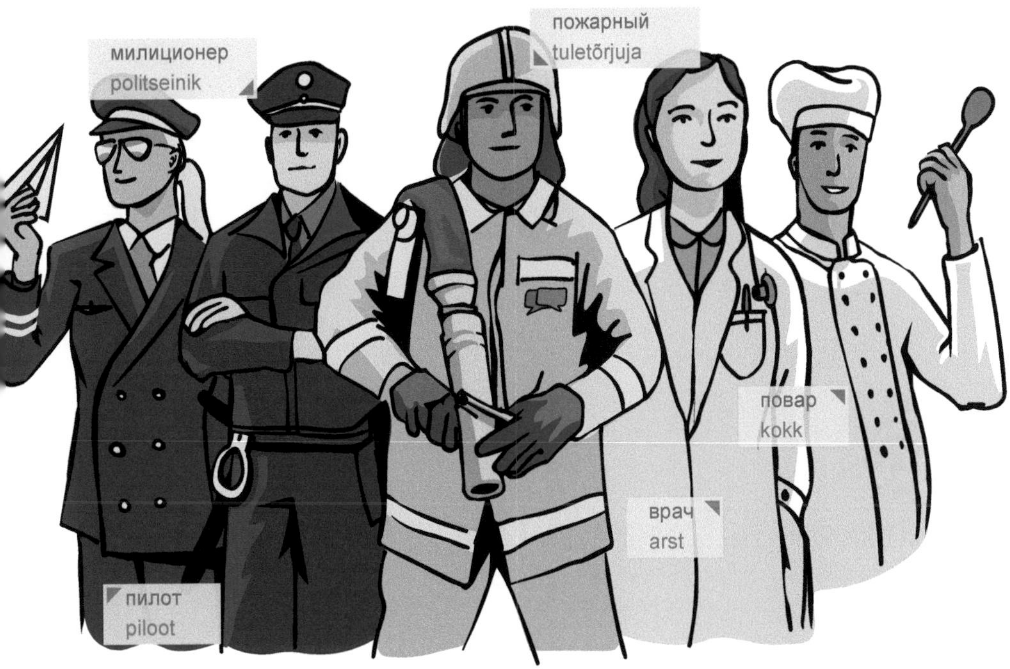
милиционер
politseinik
пожарный
tuletõrjuja
повар
kokk
врач
arst
пилот
piloot

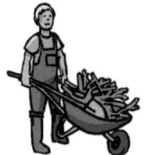

садовник

aednik

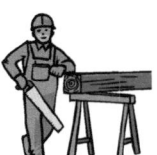

столяр

puusepp

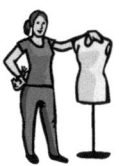

швея

õmbleja

судья

kohtunik

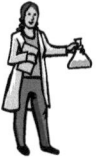

химик

keemik

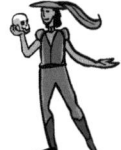

актёр

näitleja

водитель автобуса

bussijuht

таксист

taksojuht

рыбак

kalamees

уборщица

koristaja

кровельщик

katusepaigaldaja

официант

kelner

охотник

jahimees

художник

maaler

пекарь

pagar

электрик

elektrik

строитель

ehitaja

инженер

insener

мясник

lihunik

сантехник

torumees

почтальон

postiljon

солдат

sõdur

архитектор

arhitekt

кассир

kassapidaja

флорист

lillemüüja

парикмахер

juuksur

кондуктор

piletikontrolör

механик

mehaanik

капитан

kapten

зубной врач

hambaarst

ученый

teadlane

раввин

rabi

имам

imaam

монах

munk

священник

preester

инструменты
tööriistad

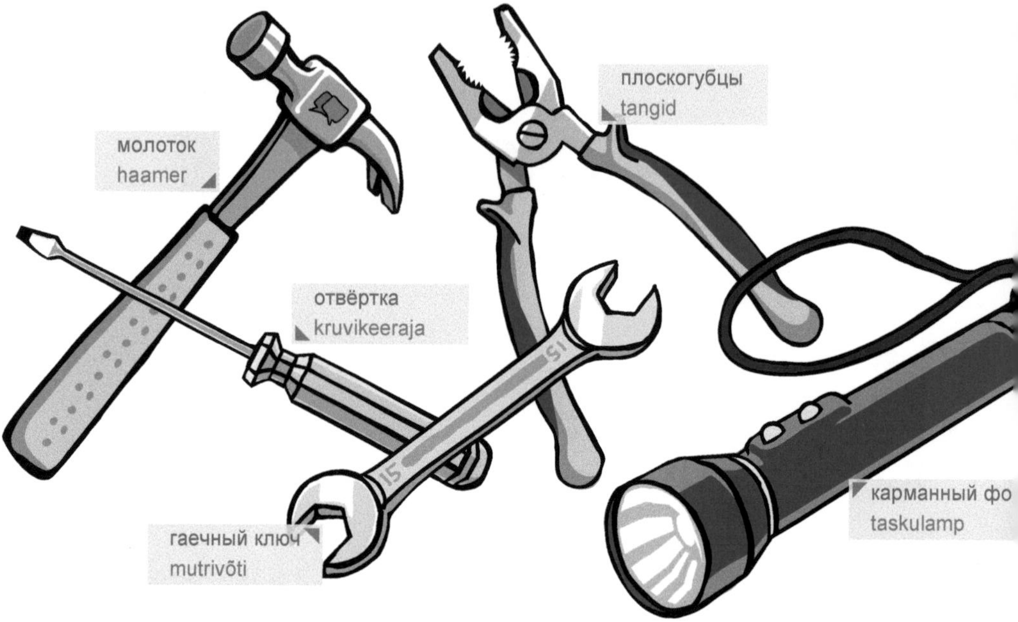
плоскогубцы
tangid
молоток
haamer
отвёртка
kruvikeeraja
карманный фо
taskulamp
гаечный ключ
mutrivõti

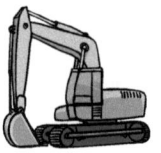

экскаватор

ekskavaator

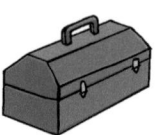

ящик для инструментов

tööriistakast

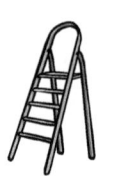

стремянка

redel

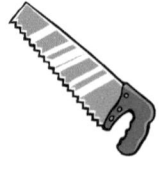

пила

saag

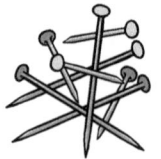

гвозди

naelad

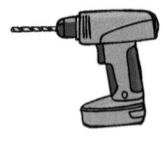

дрель

trell

ремонтировать

parandama

лопата

labidas

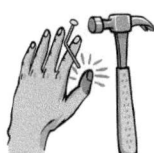

Блин!

Põrgusse!

совок

kühvel

ведро с краской

värvipott

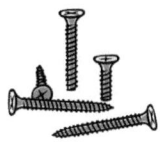

винты

kruvid

музыкальные инструменты
pillid

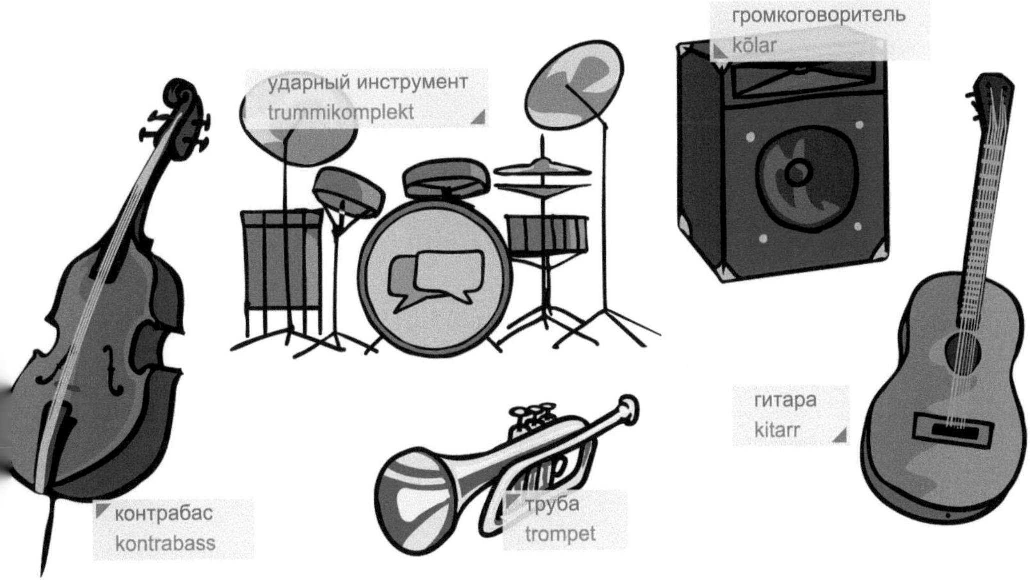

ударный инструмент
trummikomplekt

громкоговоритель
kõlar

гитара
kitarr

контрабас
kontrabass

труба
trompet

пианино

klaver

скрипка

viiul

бас-гитара

bass

литавры

timpan

барабан

trummid

синтезатор

süntesaator

саксофон

saksofon

флейта

flööt

микрофон

mikrofon

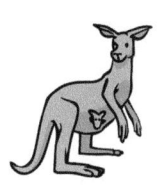

зоопарк

loomaaed

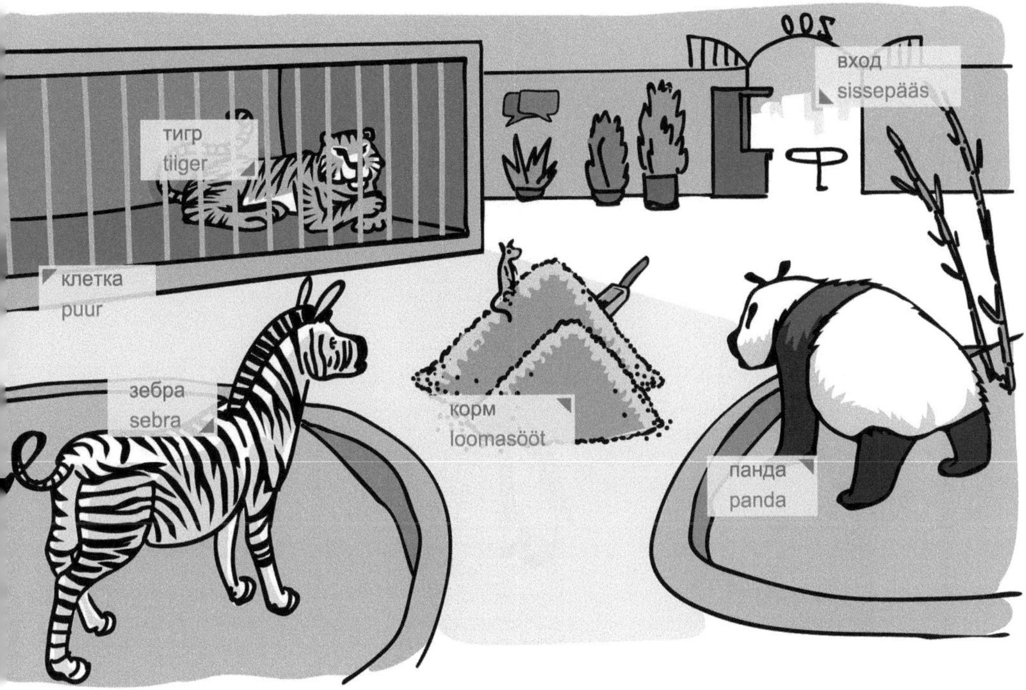
тигр
tiiger
вход
sissepääs
клетка
puur
зебра
sebra
корм
loomasööt
панда
panda

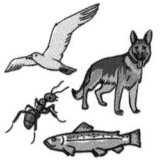

животные

loomad

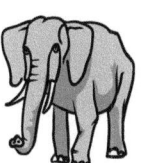

слон

elevant

кенгуру

känguru

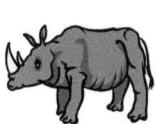

носорог

ninasarvik

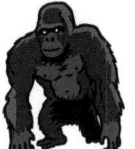

горилла

gorilla

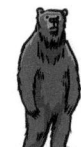

медведь

karu

верблюд

kaamel

страус

jaanalind

лев

lõvi

обезьяна

ahv

фламинго

flamingo

попугай

papagoi

белый медведь

jääkaru

пингвин

pingviin

акула

hai

павлин

paabulind

змея

madu

крокодил

krokodill

служитель зоопарка

loomaaiatalitaja

тюлень

hüljes

ягуар

jaaguar

пони

poni

леопард

leopard

бегемот

jõehobu

жираф

kaelkirjak

орёл

kotkas

кабан

metssiga

рыба

kala

черепаха

kilpkonn

морж

morsk

лиса

rebane

газель

gasell

американский футбол
Ameerika jalgpall

езда на велосипеде
jalgrattasõit

теннис
tennis

баскетбол
korvpall

плавание
ujumine

хоккей
jäähoki

бокс
poksimine

футбол
jalgpall

бадминтон
sulgpall

лёгкая атлетика
kergejõustik

гандбол
käsipall

лыжный спорт
suusatamine

поло
polo

62

действия
tegevused

смеяться
naerma
прыгать
hüppama
обнимать
kallistama
идти
jalutama
петь
laulma
мечтать
unistama
молиться
palvetama
целовать
suudlema

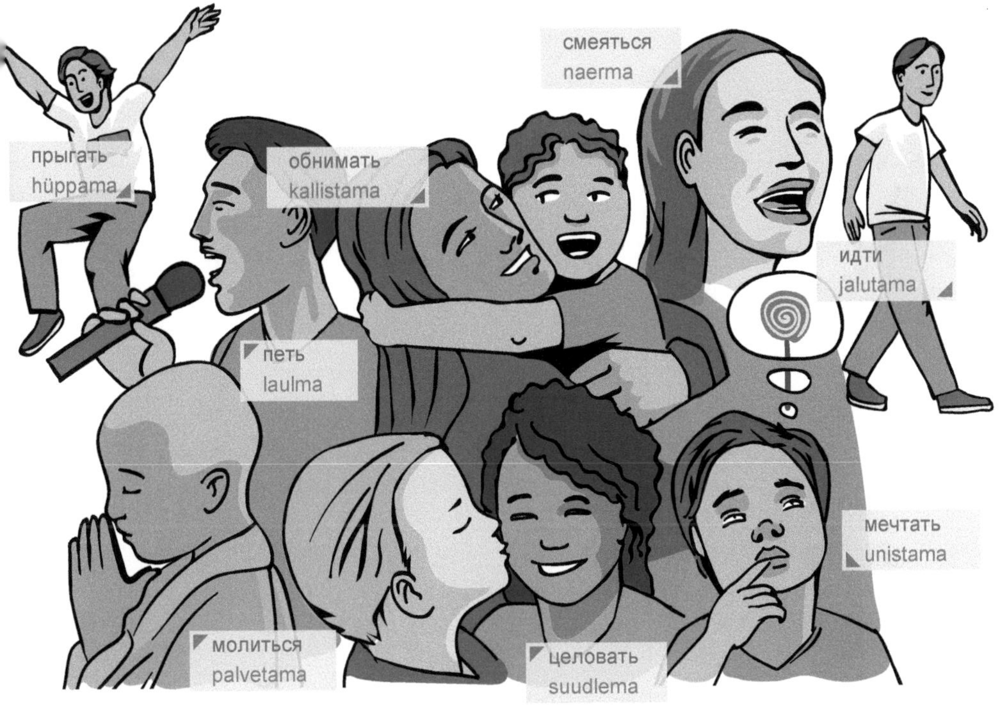

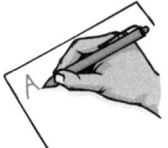

писать

kirjutama

рисовать

joonistama

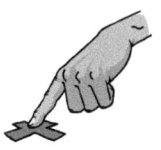

показывать

näitama

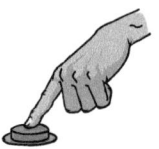

нажимать

lükkama

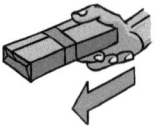

давать

andma

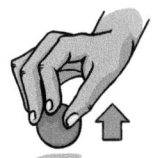

брать

võtma

иметь

omama

делать

tegema

быть

olema

стоять

seisma

бежать

jooksma

тянуть

tõmbama

бросать

viskama

падать

kukkuma

лежать

lamama

ждать

ootama

носить

kandma

сидеть

istuma

надевать

riidesse panema

спать

magama

просыпаться

ärkama

рассматривать

vaatama

плакать

nutma

гладить

paitama

причесывать

kammima

говорить

rääkima

понимать

aru saama

спрашивать

küsima

слушать

kuulama

пить

jooma

кушать

sööma

наводить порядок

korrastama

любить

armastama

готовить

süüa tegema

ехать

sõitma

летать

lendama

ходить под парусом

purjetama

считать

arvutama

читать

lugema

учиться

õppima

работать

töötama

вступать в брак

abielluma

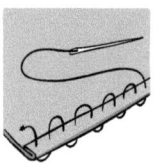

шить

õmblema

чистить зубы

hambaid pesema

убивать

tapma

курить

suitsetama

отправлять

saatma

бабушка
vanaema

дедушка
vanaisa

папа
isa

мама
ema

младенец
imik

дочь
tütar

сын
poeg

гость

külaline

тетя

tädi

дядя

onu

брат

vend

сестра

õde

тело

keha

лоб
otsmik
глаз
silm
плечо
õlg
палец
sõrm
лицо
nägu
подбородок
lõug
кисть
käsi
нога
jalg
грудь
rind
рука
käsivars

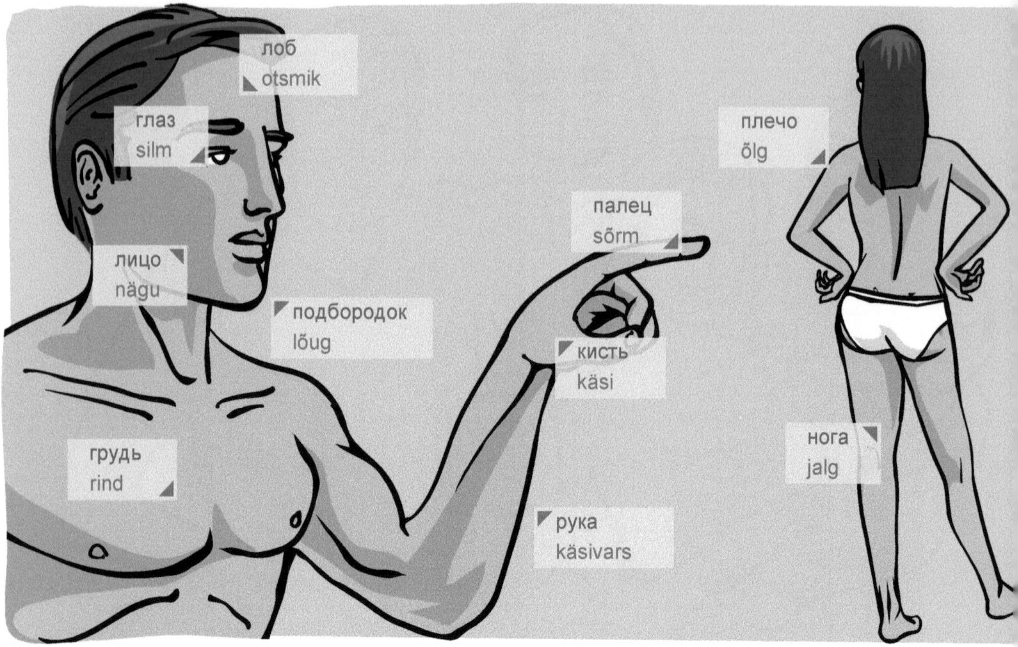

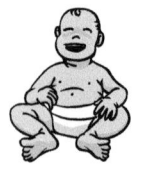

младенец
imik

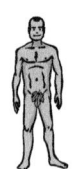

мужчина
mees

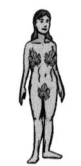

женщина
naine

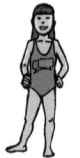

девочка
tüdruk

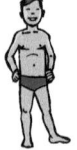

мальчик
poiss

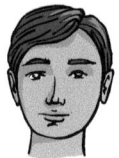

голова
pea

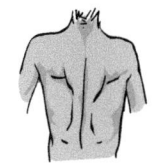	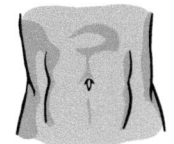	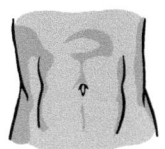
спина	живот	пупок
selg	kõht	naba
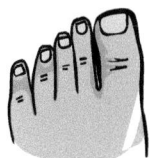	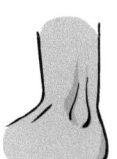	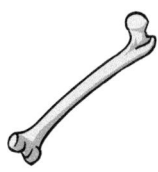
палец ноги	пятка	кость
varvas	kand	luu
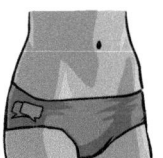		
бедро	колено	локоть
puus	põlv	küünarnukk
		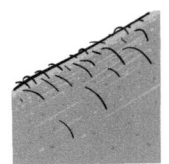
нос	ягодицы	кожа
nina	tagumik	nahk
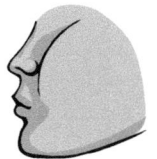	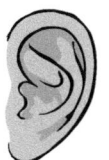	
щека	ухо	губа
põsk	kõrv	huuled

рот

suu

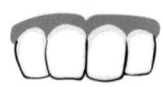

зуб

hammas

язык

keel

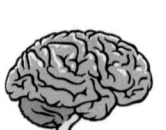

мозг

aju

сердце

süda

мышца

lihas

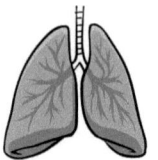

лёгкое

kops

печень

maks

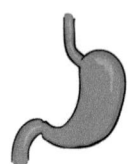

желудок

magu

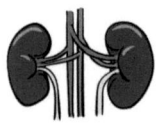

почки

neerud

половой акт

seksuaalvahekord

презерватив

kondoom

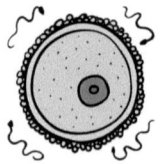

яйцеклетка

munarakk

сперма

sperma

беременность

rasedus

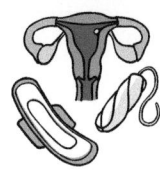

менструация

menstruatsioon

вагина

vagiina

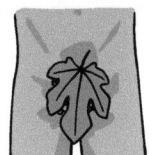

пенис

peenis

бровь

kulm

волосы

juuksed

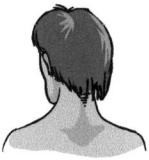

шея

kael

больница
haigla

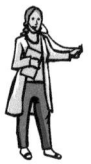

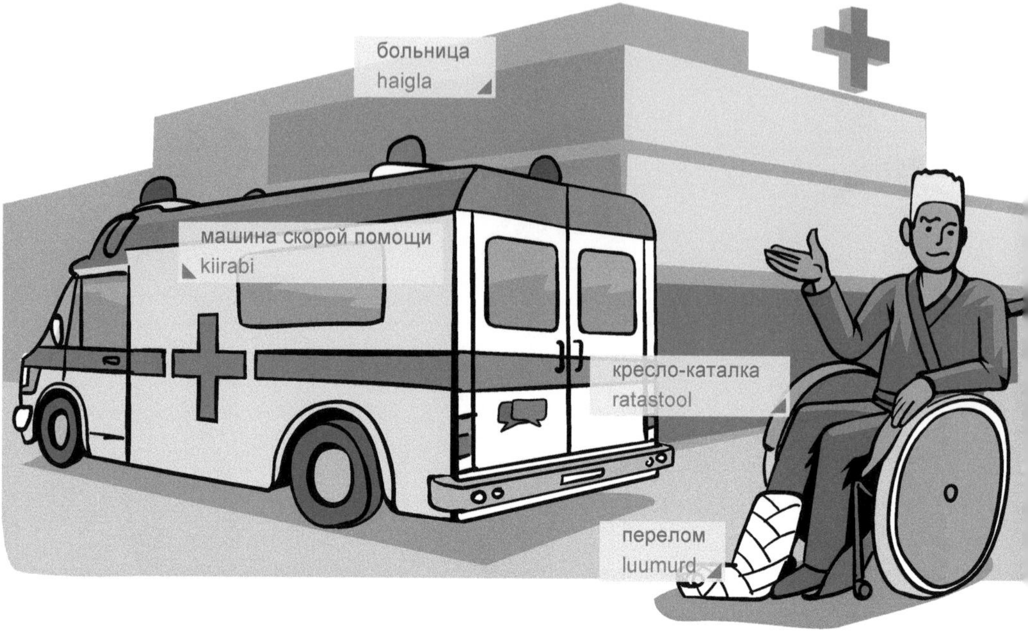

больница
haigla
машина скорой помощи
kiirabi
кресло-каталка
ratastool
перелом
luumurd

врач
arst

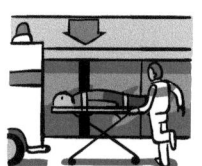

пункт первой помощи
traumapunkt

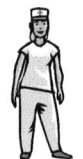

медсестра
meditsiiniõde

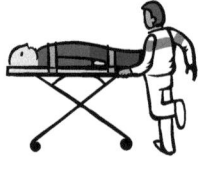

неотложный случай
hädaolukord

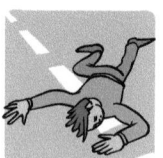

без сознания
teadvuseta

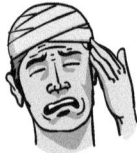

боль
valu

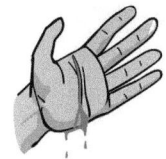

повреждение

vigastus

кровотечение

verejooks

инфаркт

südamerabandus

инсульт

insult

аллергия

allergia

кашель

köha

овышенная температура

palavik

грипп

gripp

понос

kõhulahtisus

головная боль

peavalu

рак

vähk

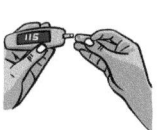

диабет

diabeet

хирург

kirurg

скальпель

skalpell

операция

operatsioon

КТ

KT

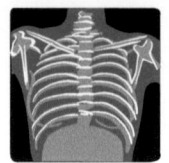

рентген

röntgen

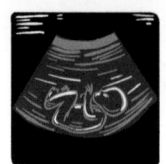

ультразвук

ultraheli

маска

mask

болезнь

haigus

приёмная

ooteruum

костыль

kark

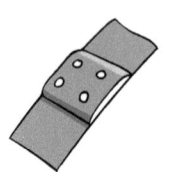

пластырь

kips

бинт

side

укол

süst

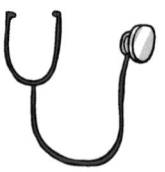

стетоскоп

stetoskoop

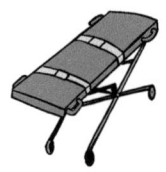

носилки

kanderaam

термометр

kraadiklaas

рождение

sünd

избыточный вес

ülekaaluline

слуховой аппарат

kuuldeaparaat

дезинфекционное средство

desinfektsioonivahend

инфекция

põletik

вирус

viirus

ВИЧ / СПИД

HIV / AIDS

лекарство

meditsiin

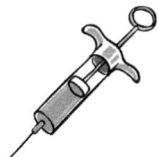

прививка

vaktsineerimine

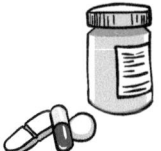

таблетки

tabletid

противозачаточная таблетка

pill

экстренный вызов

hädaabikõne

прибор для измерения кровяного давления

vererõhuaparaat

больной / здоровый

haige / terve

Помогите!

Appi!

сигнал тревоги

häire

нападение

kallaletung

атака

rünnak

опасность

oht

запасной выход

avariiväljapääs

Пожар!

Tulekahju!

огнетушитель

tulekustuti

несчастный случай

õnnetus

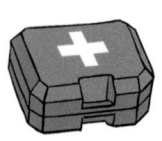

аптечка

esmaabikomplekt

SOS

SOS

милиция

politsei

Европа

Euroopa

Северная Америка

Põhja-Ameerika

Южная Америка

Lõuna-Ameerika

Африка

Aafrika

Азия

Aasia

Австралия

Austraalia

Атлантический океан

Atlandi ookean

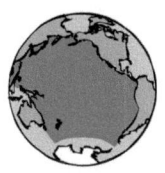

Тихий океан

Vaikne ookean

Индийский океан

India ookean

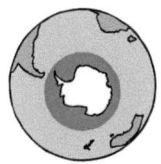

Антарктический океан

Lõuna-Jäämeri

Северный Ледовитый океан

Põhja-Jäämeri

Северный полюс

põhjapoolus

Южный полюс

lõunapoolus

Антарктика

Antarktika

земля

Maa

суша

maismaa

море

meri

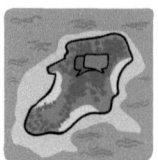

остров

saar

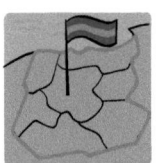

нация

rahvus

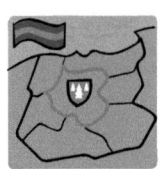

государство

riik

циферблат

sihverplaat

часовая стрелка

tunniosuti

минутная стрелка

minutiosuti

секундная стрелка

sekundiosuti

Который час?

Mis kell on?

день

päev

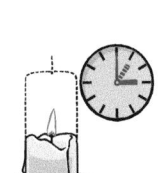

время

aeg

сейчас

praegu

электронные часы

digitaalne kell

минута

minut

час

tund

неделя
nädal

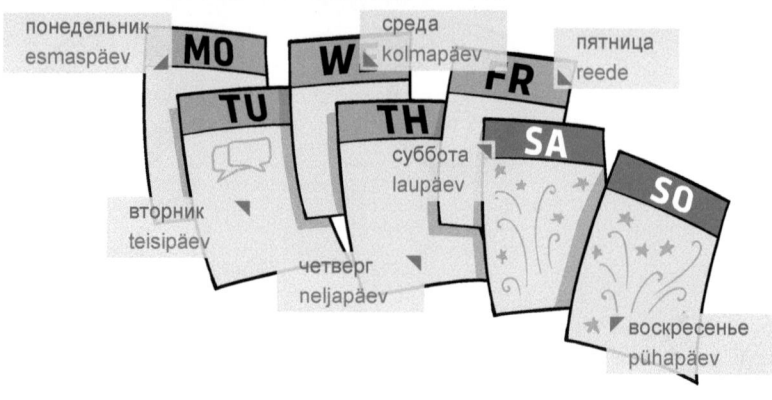

понедельник
esmaspäev

вторник
teisipäev

среда
kolmapäev

четверг
neljapäev

пятница
reede

суббота
laupäev

воскресенье
pühapäev

вчера
eile

сегодня
täna

завтра
homme

утро
hommik

полдень
lõuna

вечер
õhtu

MO	TU	WE	TH	FR	SA	SU
1	2	3	4	5	6	7
8	9	10	11	12	13	14
15	16	17	18	19	20	21
22	23	24	25	26	27	28
29	30	31	1	2	3	4

рабочие дни
tööpäevad

MO	TU	WE	TH	FR	SA	SU
1	2	3	4	5	6	7
8	9	10	11	12	13	14
15	16	17	18	19	20	21
22	23	24	25	26	27	28
29	30	31	1	2	3	4

выходные
nädalavahetus

год

aasta

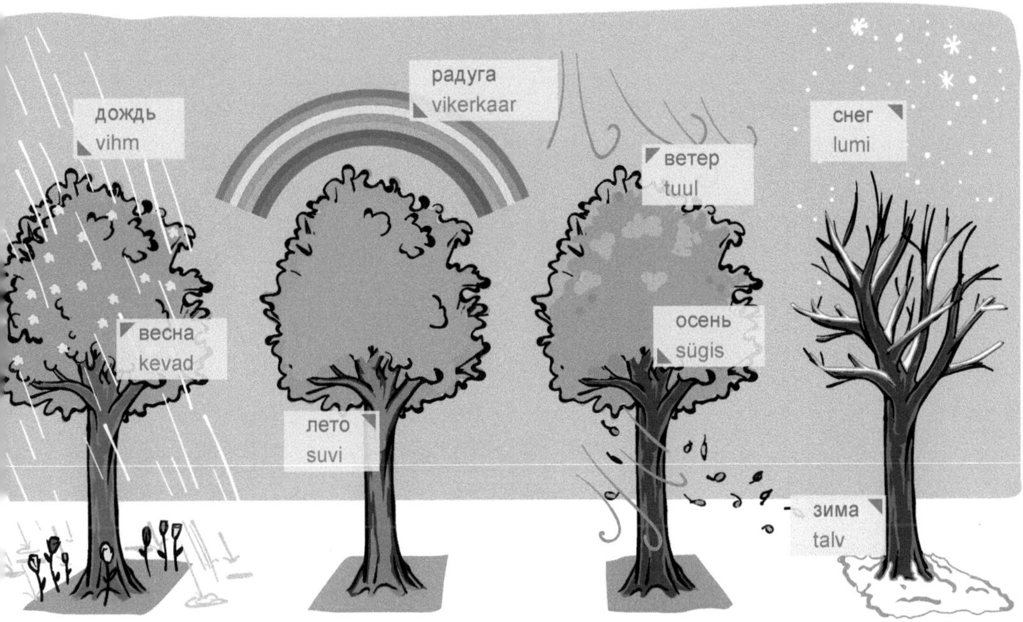

дождь
vihm
радуга
vikerkaar
снег
lumi
ветер
tuul
весна
kevad
осень
sügis
лето
suvi
зима
talv

4.APRIL 11°
5.APRIL 4°
6.APRIL 13°
7.APRIL 8°
8.APRIL 10°

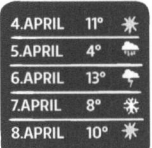

прогноз погоды

ilmaennustus

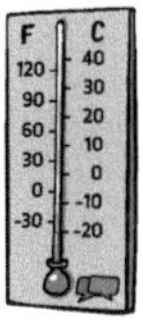

F C

термометр

termomeeter

солнечный свет

päikesepaiste

туча

pilv

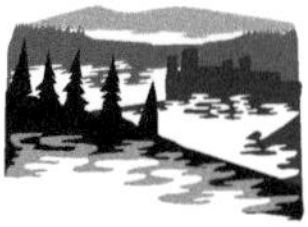

туман

udu

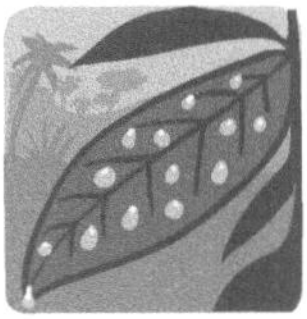

влажность воздуха

niiskus

молния

pikne

гром

kõu

буря

torm

град

rahe

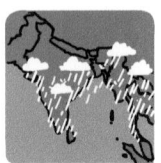

муссон

mussoon

наводнение

üleujutus

лёд

jää

январь

jaanuar

февраль

veebruar

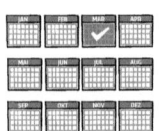

март

märts

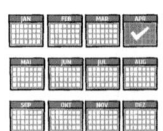

апрель

aprill

май

mai

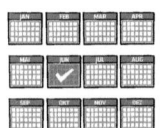

июнь

juuni

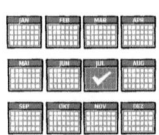

июль

juuli

август

august

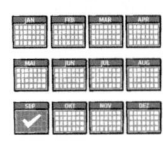

сентябрь

september

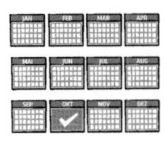

октябрь

oktoober

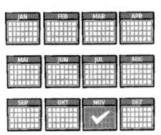

ноябрь

november

декабрь

detsember

формы
kujundid

круг

ring

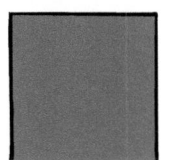

квадрат

ruut

прямоугольник

nelinurk

треугольник

kolmnurk

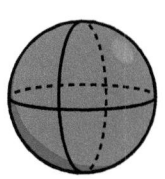

шар

kera

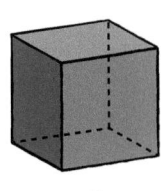

куб

kuup

белый

valge

желтый

kollane

оранжевый

oranž

розовый

roosa

красный

punane

лиловый

lilla

синий

sinine

зелёный

roheline

коричневый

pruun

серый

hall

черный

must

много / мало

palju / vähe

яростный / мирный

vihane / rahulik

красивый / уродливый

ilus / inetu

начало / конец

algus / lõpp

большой / маленький

suur / väike

светлый / темный

hele / tume

брат / сестра

vend / õde

чистый / грязный

puhas / must

полный / неполный

täielik / puudulik

день / ночь

päev / öö

мёртвый / живой

surnud / elus

широкий / узкий

lai / kitsas

съедобный / несъедобный

söödav / mittesöödav

злой / дружелюбный

kuri / sõbralik

взволнованный / скучающий

põnevil / tüdinud

толстый / худой

paks / peenike

сначала / в конце

esimene / viimane

друг / враг

sõber / vaenlane

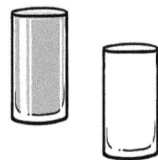

полный / пустой

täis / tühi

твёрдый / мягкий

kõva / pehme

тяжёлый / легкий

raske / kerge

голод / жажда

nälg / janu

больной / здоровый

haige / terve

незаконный / законный

ebaseaduslik / seaduslik

умный / глупый

tark / rumal

слева / справа

vasak / parem

близко / далеко

lähedal / kaugel

новый / подержанный

uus / kasutatud

ничто / нечто

mitte midagi / midagi

старый / молодой

vana / noor

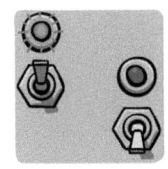

включено / выключено

sees / väljas

открыто / закрыто

lahti / kinni

тихо / громко

vaikne / vali

богатый / бедный

rikas / vaene

правильный /
неправильный
õige / vale

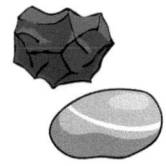

шероховатый / гладкий

kare / sile

печальный / счастливый

kurb / rõõmus

короткий / длинный

lühike / pikk

медленный / быстрый

aeglane / kiire

мокрый / сухой

märg / kuiv

тёплый / прохладный

soe / jahe

война / мир

sõda / rahu

цифры

numbrid

0
ноль
null

1
один
üks

2
два
kaks

3
три
kolm

4
четыре
neli

5
пять
viis

6
шесть
kuus

7
семь
seitse

8
восемь
kaheksa

9
девять
üheksa

10
десять
kümme

11
одиннадцать
üksteist

12

двенадцать

kaksteist

13

тринадцать

kolmteist

14

четырнадцать

neliteist

15

пятнадцать

viisteist

16

шестнадцать

kuusteist

17

семнадцать

seitseteist

18

восемнадцать

kaheksateist

19

девятнадцать

üheksateist

20

двадцать

kakskümmend

100

сто

sada

1.000

тысяча

tuhat

1.000.000

миллион

miljon

английский

inglise

американский английский

Ameerika inglise

мандаринский китайский

mandariini

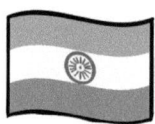

хинди

hindi

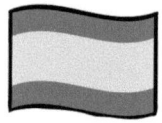

испанский

hispaania

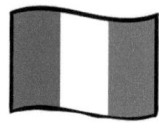

французский

prantsuse

арабский

araabia

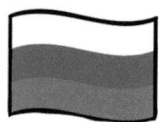

русский

vene

португальский

portugali

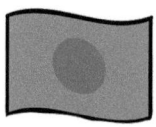

бенгальский

bengali

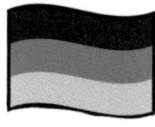

немецкий

saksa

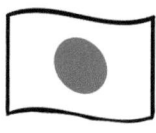

японский

jaapani

я

mina

ты

sina

он / она / оно

tema

мы

meie

вы

teie

они

nemad

кто?

kes?

что?

mis?

как?

kuidas?

где?

kus?

когда?

millal?

имя

nimi

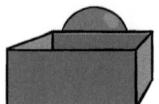

за

taga

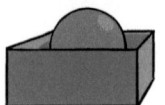

в

sees

перед

ees

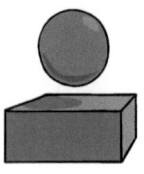

над

kohal

на

peal

под

all

рядом

kõrval

между

vahel

место

koht